This book belongs to:

Week of

G O A L S

○ - - - - - - - - - - - - - - - - - -
○ - - - - - - - - - - - - - - - - - -
○ - - - - - - - - - - - - - - - - - -
○ - - - - - - - - - - - - - - - - - -
○ - - - - - - - - - - - - - - - - - -
○ - - - - - - - - - - - - - - - - - -
○ - - - - - - - - - - - - - - - - - -

Important dates

▶ _____
▶ _____
▶ _____
▶ _____
▶ _____

Monday

Tuesday

Wednesday

Thursday

Friday

Saturday

Sunday

I am grateful for

Notes

Idea for the next week

Week of

G O A L S

- ○ - - - - - - - - - - - - - - - - - - -
- ○ - - - - - - - - - - - - - - - - - - -
- ○ - - - - - - - - - - - - - - - - - - -
- ○ - - - - - - - - - - - - - - - - - - -
- ○ - - - - - - - - - - - - - - - - - - -
- ○ - - - - - - - - - - - - - - - - - - -
- ○ - - - - - - - - - - - - - - - - - - -

Important dates

▶ _____
▶ _____
▶ _____
▶ _____
▶ _____

Monday ⟵━━━━━━━━━━«

Tuesday ⟵━━━━━━━━━━«

Wednesday ⟵━━━━━━━«

Thursday ⟵━━━━━━━━«

Friday

Saturday

Sunday

Idea for the next week

★ **I am grateful for** ★

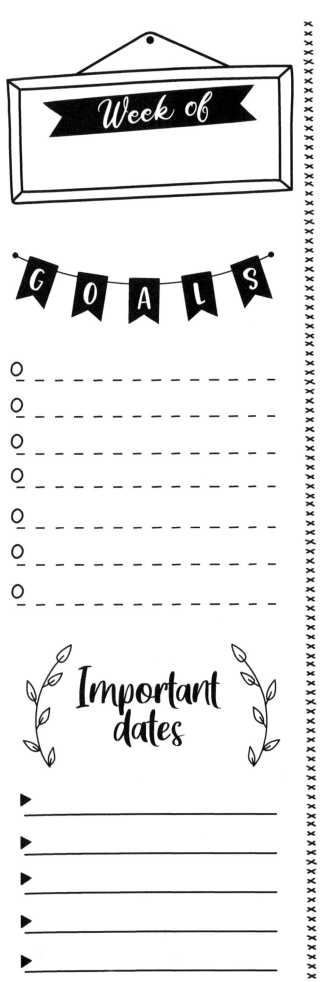

Week of

G O A L S

○ -
○ -
○ -
○ -
○ -
○ -
○ -

Important dates

▶ _____
▶ _____
▶ _____
▶ _____
▶ _____

Monday ⟵───────────────◀◀◀

Tuesday ⟵───────────────◀◀◀

Wednesday ⟵───────────────◀◀◀

Thursday ⟵───────────────◀◀◀

Friday

Saturday

Sunday

I am grateful for

Notes

Idea for the next week

Week of

GOALS

- O _____
- O _____
- O _____
- O _____
- O _____
- O _____
- O _____

Important dates

▶ _____
▶ _____
▶ _____
▶ _____
▶ _____

Monday

_____
_____
_____
_____
_____

Tuesday

_____
_____
_____
_____

Wednesday

_____
_____
_____
_____

Thursday

_____
_____
_____

Friday

Saturday

Sunday

Notes

I am grateful for

Idea for the next week

Week of

G O A L S

O ----------------------
O ----------------------
O ----------------------
O ----------------------
O ----------------------
O ----------------------
O ----------------------

Important dates

▶ _____
▶ _____
▶ _____
▶ _____
▶ _____

Monday

Tuesday

Wednesday

Thursday

Friday

Saturday

Sunday

Idea for the next week

★ I am grateful for ★

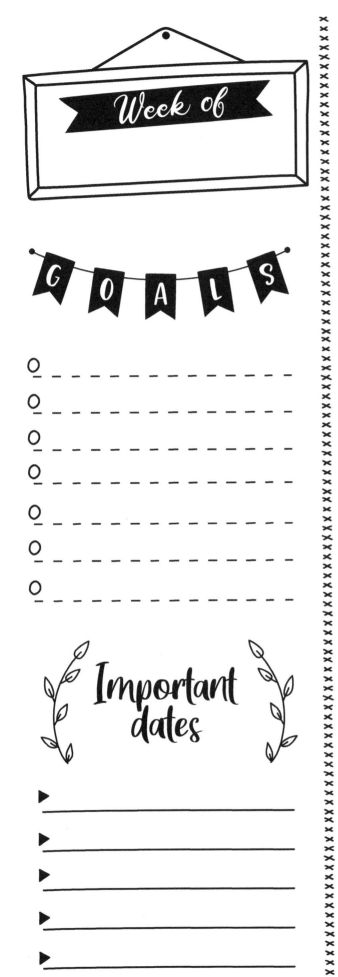

Week of

GOALS

- O ‑ ‑ ‑ ‑ ‑ ‑ ‑ ‑ ‑ ‑
- O ‑ ‑ ‑ ‑ ‑ ‑ ‑ ‑ ‑ ‑
- O ‑ ‑ ‑ ‑ ‑ ‑ ‑ ‑ ‑ ‑
- O ‑ ‑ ‑ ‑ ‑ ‑ ‑ ‑ ‑ ‑
- O ‑ ‑ ‑ ‑ ‑ ‑ ‑ ‑ ‑ ‑
- O ‑ ‑ ‑ ‑ ‑ ‑ ‑ ‑ ‑ ‑
- O ‑ ‑ ‑ ‑ ‑ ‑ ‑ ‑ ‑ ‑

Important dates

- ▶ _____
- ▶ _____
- ▶ _____
- ▶ _____
- ▶ _____

Monday

Tuesday

Wednesday

Thursday

Friday

_____
_____
_____

_____

Saturday

_____
_____
_____

_____

Sunday

_____
_____
_____

_____

★ **I am grateful for** ★

- - - - - - - - - - - - - - - - - - - -

- - - - - - - - - - - - - - - - - - - -

- - - - - - - - - - - - - - - - - - - -

- - - - - - - - - - - - - - - - - - - -

Notes

- - - - - - - - - - - - - - - - - - - -

- - - - - - - - - - - - - - - - - - - -

- - - - - - - - - - - - - - - - - - - -

- - - - - - - - - - - - - - - - - - - -

- - - - - - - - - - - - - - - - - - - -

- - - - - - - - - - - - - - - - - - - -

- - - - - - - - - - - - - - - - - - - -

- - - - - - - - - - - - - - - - - - - -

- - - - - - - - - - - - - - - - - - - -

Idea for the next week

- - - - - - - - - - - - - - - - - - - -

- - - - - - - - - - - - - - - - - - - -

- - - - - - - - - - - - - - - - - - - -

- - - - - - - - - - - - - - - - - - - -

- - - - - - - - - - - - - - - - - - - -

Week of

GOALS

- ○ -
- ○ -
- ○ -
- ○ -
- ○ -
- ○ -
- ○ -

Important dates

▶ _____

▶ _____

▶ _____

▶ _____

▶ _____

Monday

Tuesday

Wednesday

Thursday

Friday

☐ _____
_____
_____

_____

Saturday

☐ _____
_____
_____

_____

Sunday

☐ _____
_____
_____

_____

★ I am grateful for ★

- - - - - - - - - - - - - - -
- - - - - - - - - - - - - - -
- - - - - - - - - - - - - - -

Notes

- - - - - - - - - - - - - - -
- - - - - - - - - - - - - - -
- - - - - - - - - - - - - - -
- - - - - - - - - - - - - - -
- - - - - - - - - - - - - - -
- - - - - - - - - - - - - - -
- - - - - - - - - - - - - - -

Idea for the next week

- - - - - - - - - - - - - - -
- - - - - - - - - - - - - - -
- - - - - - - - - - - - - - -
- - - - - - - - - - - - - - -
- - - - - - - - - - - - - - -
- - - - - - - - - - - - - - -

Week of

GOALS

- ○ --------------------
- ○ --------------------
- ○ --------------------
- ○ --------------------
- ○ --------------------
- ○ --------------------
- ○ --------------------

Important dates

- ▶ _____
- ▶ _____
- ▶ _____
- ▶ _____
- ▶ _____

Monday

Tuesday

Wednesday

Thursday

Friday

Saturday

Sunday

I am grateful for

Idea for the next week

Week of

GOALS

- O -
- O -
- O -
- O -
- O -
- O -
- O -

Important dates

- ▶ _____
- ▶ _____
- ▶ _____
- ▶ _____
- ▶ _____

Monday ←———————————————«

Tuesday ←———————————————«

Wednesday ←———————————————«

Thursday ←———————————————«

Friday

Saturday

Sunday

I am grateful for

Notes

Idea for the next week

Week of

GOALS

○ -
○ -
○ -
○ -
○ -
○ -
○ -

Important dates

▶ _____
▶ _____
▶ _____
▶ _____
▶ _____

Monday ⟵———————————————⟪

Tuesday ⟵———————————————⟪

Wednesday ⟵———————————————⟪

Thursday ⟵———————————————⟪

Friday

Saturday

Sunday

Idea for the next week

★ **I am grateful for** ★

Week of

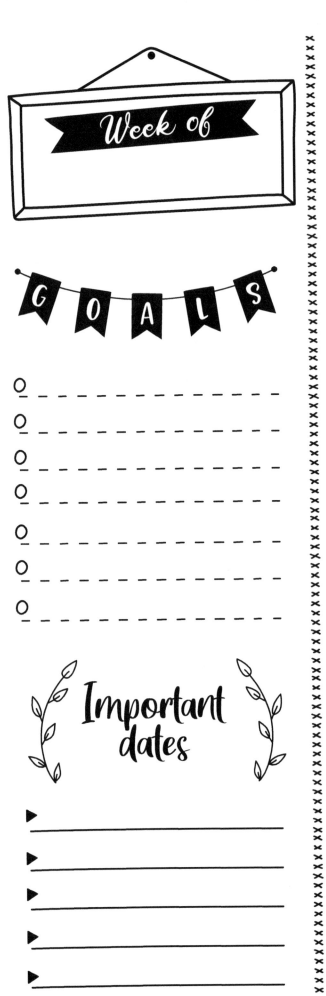

GOALS

O - - - - - - - - - - - - - - - -
O - - - - - - - - - - - - - - - -
O - - - - - - - - - - - - - - - -
O - - - - - - - - - - - - - - - -
O - - - - - - - - - - - - - - - -
O - - - - - - - - - - - - - - - -
O - - - - - - - - - - - - - - - -

Important dates

▶ _____
▶ _____
▶ _____
▶ _____
▶ _____

Monday ←————————————

Tuesday ←————————————

Wednesday ←————————————

Thursday ←————————————

Friday

Saturday

Sunday

I am grateful for

Notes

Idea for the next week

Week of

GOALS

○ - - - - - - - - - - - - - - - - - - -
○ - - - - - - - - - - - - - - - - - - -
○ - - - - - - - - - - - - - - - - - - -
○ - - - - - - - - - - - - - - - - - - -
○ - - - - - - - - - - - - - - - - - - -
○ - - - - - - - - - - - - - - - - - - -
○ - - - - - - - - - - - - - - - - - - -

Important dates

▶ _____
▶ _____
▶ _____
▶ _____
▶ _____

Monday

Tuesday

Wednesday

Thursday

Friday

Saturday

Sunday

I am grateful for

Idea for the
next week

Week of

GOALS

○ --------------------------
○ --------------------------
○ --------------------------
○ --------------------------
○ --------------------------
○ --------------------------
○ --------------------------

Important
dates

▶ _____
▶ _____
▶ _____
▶ _____
▶ _____

Monday

Tuesday

Wednesday

Thursday

Friday

☐ _____
_____
_____
_____

Saturday

☐ _____
_____
_____
_____

Sunday

☐ _____
_____
_____
_____

★ **I am grateful for** ★

- - - - - - - - - - - -
- - - - - - - - - - - -
- - - - - - - - - - - -

Notes

- - - - - - - - - - - -
- - - - - - - - - - - -
- - - - - - - - - - - -
- - - - - - - - - - - -
- - - - - - - - - - - -
- - - - - - - - - - - -
- - - - - - - - - - - -

Idea for the next week

- - - - - - - - - - - -
- - - - - - - - - - - -
- - - - - - - - - - - -
- - - - - - - - - - - -
- - - - - - - - - - - -

Week of

GOALS

- ○ -
- ○ -
- ○ -
- ○ -
- ○ -
- ○ -
- ○ -

Important dates

- ▶ _____
- ▶ _____
- ▶ _____
- ▶ _____
- ▶ _____

Monday ←─────────────────────⋘

Tuesday ←─────────────────────⋘

Wednesday ←─────────────────────⋘

Thursday ←─────────────────────⋘

Friday

Saturday

Sunday

Idea for the next week

★ I am grateful for ★

Week of

GOALS

○ --------------------------------
○ --------------------------------
○ --------------------------------
○ --------------------------------
○ --------------------------------
○ --------------------------------
○ --------------------------------

Important dates

▶ _____
▶ _____
▶ _____
▶ _____
▶ _____

Monday

Tuesday

Wednesday

Thursday

Friday

Saturday

Sunday

I am grateful for

Notes

Idea for the next week

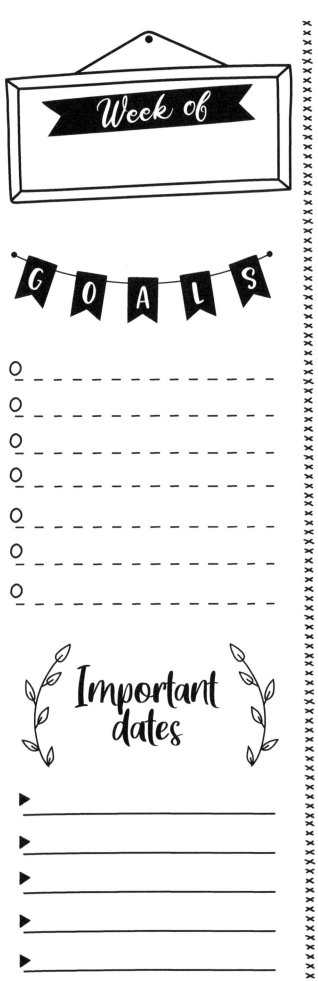

Week of

G O A L S

○ – – – – – – – – – – – – – –
○ – – – – – – – – – – – – – –
○ – – – – – – – – – – – – – –
○ – – – – – – – – – – – – – –
○ – – – – – – – – – – – – – –
○ – – – – – – – – – – – – – –
○ – – – – – – – – – – – – – –

Important dates

▶ _____
▶ _____
▶ _____
▶ _____
▶ _____

Monday ←————————⋘

Tuesday ←————————⋘

Wednesday ←————————⋘

Thursday ←————————⋘

Friday

‹────────────────‹‹‹

_____

_____

_____

_____

Saturday ‹────────────────‹‹‹

_____

_____

_____

_____

Sunday ‹────────────────‹‹‹

_____

_____

_____

_____

★ **I am grateful for** ★

- - - - - - - - - - - - - - - - - - -

- - - - - - - - - - - - - - - - - - -

- - - - - - - - - - - - - - - - - - -

- - - - - - - - - - - - - - - - - - -

Notes

- - - - - - - - - - - - - - - - - - -

- - - - - - - - - - - - - - - - - - -

- - - - - - - - - - - - - - - - - - -

- - - - - - - - - - - - - - - - - - -

- - - - - - - - - - - - - - - - - - -

- - - - - - - - - - - - - - - - - - -

- - - - - - - - - - - - - - - - - - -

- - - - - - - - - - - - - - - - - - -

- - - - - - - - - - - - - - - - - - -

Idea for the next week

- - - - - - - - - - - - - - - - - - -

- - - - - - - - - - - - - - - - - - -

- - - - - - - - - - - - - - - - - - -

- - - - - - - - - - - - - - - - - - -

- - - - - - - - - - - - - - - - - - -

Week of

G O A L S

- ○ - - - - - - - - - - - -
- ○ - - - - - - - - - - - -
- ○ - - - - - - - - - - - -
- ○ - - - - - - - - - - - -
- ○ - - - - - - - - - - - -
- ○ - - - - - - - - - - - -
- ○ - - - - - - - - - - - -

Important dates

▶ _____
▶ _____
▶ _____
▶ _____
▶ _____

Monday

Tuesday

Wednesday

Thursday

Friday

☐ _____
    _____
    _____

_____

Saturday

☐ _____
    _____
    _____

_____

Sunday

☐ _____
    _____

_____

★ **I am grateful for** ★

- - - - - - - - - - - - - - -
- - - - - - - - - - - - - - -
- - - - - - - - - - - - - - -

Notes

- - - - - - - - - - - - - - -
- - - - - - - - - - - - - - -
- - - - - - - - - - - - - - -
- - - - - - - - - - - - - - -
- - - - - - - - - - - - - - -
- - - - - - - - - - - - - - -
- - - - - - - - - - - - - - -

Idea for the next week

- - - - - - - - - - - - - - -
- - - - - - - - - - - - - - -
- - - - - - - - - - - - - - -
- - - - - - - - - - - - - - -
- - - - - - - - - - - - - - -
- - - - - - - - - - - - - - -

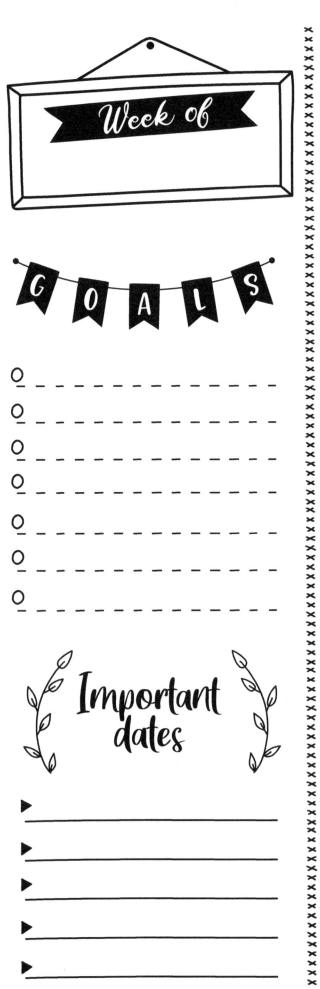

Week of

G O A L S

- O – – – – – – – – – – – – – – – –
- O – – – – – – – – – – – – – – – –
- O – – – – – – – – – – – – – – – –
- O – – – – – – – – – – – – – – – –
- O – – – – – – – – – – – – – – – –
- O – – – – – – – – – – – – – – – –
- O – – – – – – – – – – – – – – – –

Important dates

- ▶ _____
- ▶ _____
- ▶ _____
- ▶ _____
- ▶ _____

Monday

Tuesday

Wednesday

Thursday

Friday

⬅←←←←

☐
_____
_____
_____

_____

Saturday

←←←←

☐
_____
_____
_____

_____

Sunday

←←←←

☐
_____
_____
_____

_____

★ **I am grateful for** ★

- - - - - - - - - - - -
- - - - - - - - - - - -
- - - - - - - - - - - -
- - - - - - - - - - - -

Notes

- - - - - - - - - - - -
- - - - - - - - - - - -
- - - - - - - - - - - -
- - - - - - - - - - - -
- - - - - - - - - - - -
- - - - - - - - - - - -
- - - - - - - - - - - -
- - - - - - - - - - - -

Idea for the next week

- - - - - - - - - - - -
- - - - - - - - - - - -
- - - - - - - - - - - -
- - - - - - - - - - - -
- - - - - - - - - - - -

Week of

G O A L S

O - - - - - - - - - - - - - -
O - - - - - - - - - - - - - -
O - - - - - - - - - - - - - -
O - - - - - - - - - - - - - -
O - - - - - - - - - - - - - -
O - - - - - - - - - - - - - -
O - - - - - - - - - - - - - -

Important dates

▶ _____
▶ _____
▶ _____
▶ _____
▶ _____

Monday ←————————————←←

Tuesday ←————————————←←

Wednesday ←————————←←

Thursday ←————————————←←

Friday

☐ _____
_____
_____
_____

Saturday

☐ _____
_____
_____
_____

Sunday

☐ _____
_____
_____
_____

★ **I am grateful for** ★

- - - - - - - - - - - - - - - - -
- - - - - - - - - - - - - - - - -
- - - - - - - - - - - - - - - - -

Notes

- - - - - - - - - - - - - - - - -
- - - - - - - - - - - - - - - - -
- - - - - - - - - - - - - - - - -
- - - - - - - - - - - - - - - - -
- - - - - - - - - - - - - - - - -
- - - - - - - - - - - - - - - - -
- - - - - - - - - - - - - - - - -
- - - - - - - - - - - - - - - - -
- - - - - - - - - - - - - - - - -

Idea for the next week

- - - - - - - - - - - - - - - - -
- - - - - - - - - - - - - - - - -
- - - - - - - - - - - - - - - - -
- - - - - - - - - - - - - - - - -
- - - - - - - - - - - - - - - - -
- - - - - - - - - - - - - - - - -

Week of

GOALS

○ - - - - - - - - - - - - - - - - - - -
○ - - - - - - - - - - - - - - - - - - -
○ - - - - - - - - - - - - - - - - - - -
○ - - - - - - - - - - - - - - - - - - -
○ - - - - - - - - - - - - - - - - - - -
○ - - - - - - - - - - - - - - - - - - -
○ - - - - - - - - - - - - - - - - - - -

Important dates

▶ _____
▶ _____
▶ _____
▶ _____
▶ _____

Monday

Tuesday

Wednesday

Thursday

Friday

☐ _____
_____
_____
_____

Saturday

☐ _____
_____
_____
_____

Sunday

☐ _____
_____
_____
_____

★ **I am grateful for** ★

- - - - - - - - - - - - - - - - -
- - - - - - - - - - - - - - - - -
- - - - - - - - - - - - - - - - -
- - - - - - - - - - - - - - - - -

Notes

- - - - - - - - - - - - - - - -
- - - - - - - - - - - - - - - -
- - - - - - - - - - - - - - - -
- - - - - - - - - - - - - - - -
- - - - - - - - - - - - - - - -
- - - - - - - - - - - - - - - -
- - - - - - - - - - - - - - - -
- - - - - - - - - - - - - - - -
- - - - - - - - - - - - - - - -

Idea for the next week

- - - - - - - - - - - - - - - -
- - - - - - - - - - - - - - - -
- - - - - - - - - - - - - - - -
- - - - - - - - - - - - - - - -
- - - - - - - - - - - - - - - -
- - - - - - - - - - - - - - - -

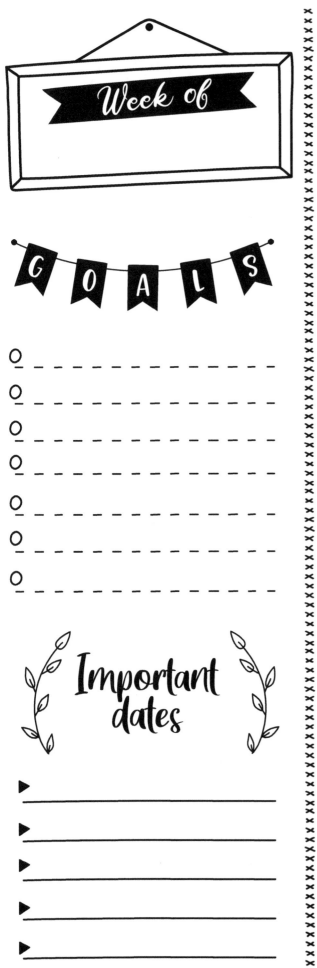

Week of

GOALS

- ○ -
- ○ -
- ○ -
- ○ -
- ○ -
- ○ -
- ○ -

Important dates

- ▶ _____
- ▶ _____
- ▶ _____
- ▶ _____
- ▶ _____

Monday

Tuesday

Wednesday

Thursday

Friday

_____
_____
_____

_____

Saturday

_____
_____
_____

_____

Sunday

_____
_____

_____

I am grateful for

- - - - - - - - - - - - - - - -
- - - - - - - - - - - - - - - -
- - - - - - - - - - - - - - - -

Notes

- - - - - - - - - - - - - - - -
- - - - - - - - - - - - - - - -
- - - - - - - - - - - - - - - -
- - - - - - - - - - - - - - - -
- - - - - - - - - - - - - - - -
- - - - - - - - - - - - - - - -
- - - - - - - - - - - - - - - -
- - - - - - - - - - - - - - - -

Idea for the next week

- - - - - - - - - - - - - - - -
- - - - - - - - - - - - - - - -
- - - - - - - - - - - - - - - -
- - - - - - - - - - - - - - - -
- - - - - - - - - - - - - - - -

Week of

GOALS

- -
- -
- -
- -
- -
- -
- -

Important dates

▶ _____
▶ _____
▶ _____
▶ _____
▶ _____

Monday

Tuesday

Wednesday

Thursday

Friday

Saturday

Sunday

★ **I am grateful for** ★

Notes

Idea for the next week

Week of

G O A L S

O -
O -
O -
O -
O -
O -
O -

Important dates

▶ _____
  _____
▶ _____
  _____
▶ _____
  _____
▶ _____
  _____
▶ _____

Monday

Tuesday

Wednesday

Thursday

Friday

Saturday

Sunday

I am grateful for

Idea for the next week

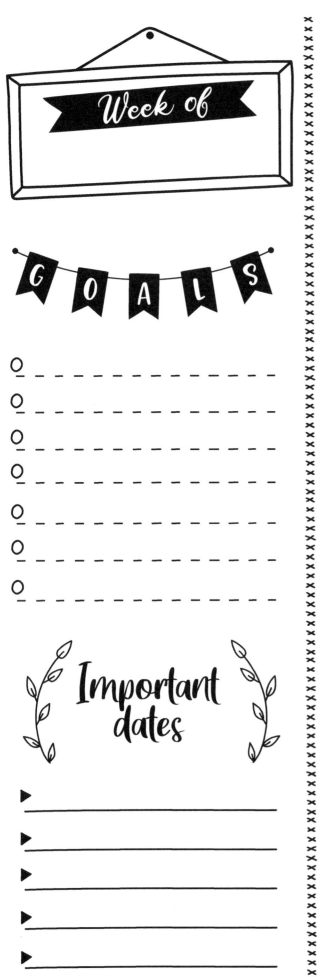

Week of

G O A L S

O -
O -
O -
O -
O -
O -
O -

Important dates

▶ _____
▶ _____
▶ _____
▶ _____
▶ _____

Monday

Tuesday

Wednesday

Thursday

Friday

☐ _____

_____

_____

_____

Saturday

☐ _____

_____

_____

_____

Sunday

☐ _____

_____

_____

_____

★ **I am grateful for** ★

- - - - - - - - - - - - - -

- - - - - - - - - - - - - -

- - - - - - - - - - - - - -

- - - - - - - - - - - - - -

Notes

- - - - - - - - - - - - - - -

- - - - - - - - - - - - - - -

- - - - - - - - - - - - - - -

- - - - - - - - - - - - - - -

- - - - - - - - - - - - - - -

- - - - - - - - - - - - - - -

- - - - - - - - - - - - - - -

- - - - - - - - - - - - - - -

Idea for the next week

- - - - - - - - - - - - - - -

- - - - - - - - - - - - - - -

- - - - - - - - - - - - - - -

- - - - - - - - - - - - - - -

Week of

G O A L S

○ - - - - - - - - - - - - - - - - - -
○ - - - - - - - - - - - - - - - - - -
○ - - - - - - - - - - - - - - - - - -
○ - - - - - - - - - - - - - - - - - -
○ - - - - - - - - - - - - - - - - - -
○ - - - - - - - - - - - - - - - - - -
○ - - - - - - - - - - - - - - - - - -

Important dates

▶ _____
▶ _____
▶ _____
▶ _____
▶ _____

Monday ←——————————«

Tuesday ←——————————«

Wednesday ←——————————«

Thursday ←——————————«

Friday

Saturday

Sunday

Idea for the next week

★ **I am grateful for** ★

Week of

G O A L S

- ○ - - - - - - - - - - - - - - - - - -
- ○ - - - - - - - - - - - - - - - - - -
- ○ - - - - - - - - - - - - - - - - - -
- ○ - - - - - - - - - - - - - - - - - -
- ○ - - - - - - - - - - - - - - - - - -
- ○ - - - - - - - - - - - - - - - - - -
- ○ - - - - - - - - - - - - - - - - - -

Important dates

- ▶ _____
- ▶ _____
- ▶ _____
- ▶ _____
- ▶ _____

Monday

Tuesday

Wednesday

Thursday

Friday

⬛ _____

_____

_____

_____

Saturday

⬛ _____

_____

_____

_____

Sunday

⬛ _____

_____

_____

_____

★ **I am grateful for** ★

- - - - - - - - - - - - - - -

- - - - - - - - - - - - - - -

- - - - - - - - - - - - - - -

- - - - - - - - - - - - - - -

Notes

- - - - - - - - - - - - - - -

- - - - - - - - - - - - - - -

- - - - - - - - - - - - - - -

- - - - - - - - - - - - - - -

- - - - - - - - - - - - - - -

- - - - - - - - - - - - - - -

- - - - - - - - - - - - - - -

- - - - - - - - - - - - - - -

Idea for the next week

- - - - - - - - - - - - - - -

- - - - - - - - - - - - - - -

- - - - - - - - - - - - - - -

- - - - - - - - - - - - - - -

- - - - - - - - - - - - - - -

Week of

G O A L S

O - - - - - - - - - - - - - - - - -
O - - - - - - - - - - - - - - - - -
O - - - - - - - - - - - - - - - - -
O - - - - - - - - - - - - - - - - -
O - - - - - - - - - - - - - - - - -
O - - - - - - - - - - - - - - - - -
O - - - - - - - - - - - - - - - - -

Important dates

▶ _____
▶ _____
▶ _____
▶ _____
▶ _____

Monday ←————————————————‹‹‹

_____
_____
_____
_____

Tuesday ←————————————————‹‹‹

_____
_____
_____

Wednesday ←——————————————‹‹‹

_____
_____
_____

Thursday ←———————————————‹‹‹

_____
_____

Friday

_____

_____

_____

_____

Saturday

_____

_____

_____

_____

Sunday

_____

_____

_____

★ **I am grateful for** ★

- - - - - - - - - - - - - - -

- - - - - - - - - - - - - - -

- - - - - - - - - - - - - - -

- - - - - - - - - - - - - - -

Notes

- - - - - - - - - - - - - -

- - - - - - - - - - - - - -

- - - - - - - - - - - - - -

- - - - - - - - - - - - - -

- - - - - - - - - - - - - -

- - - - - - - - - - - - - -

- - - - - - - - - - - - - -

- - - - - - - - - - - - - -

Idea for the next week

- - - - - - - - - - - - - -

- - - - - - - - - - - - - -

- - - - - - - - - - - - - -

- - - - - - - - - - - - - -

- - - - - - - - - - - - - -

Week of

GOALS

- O - - - - - - - - - - - - - - - - - -
- O - - - - - - - - - - - - - - - - - -
- O - - - - - - - - - - - - - - - - - -
- O - - - - - - - - - - - - - - - - - -
- O - - - - - - - - - - - - - - - - - -
- O - - - - - - - - - - - - - - - - - -
- O - - - - - - - - - - - - - - - - - -

Important dates

▶ _____
▶ _____
▶ _____
▶ _____
▶ _____

Monday

Tuesday

Wednesday

Thursday

Friday

Saturday

Sunday

I am grateful for

Notes

Idea for the next week

Week of

G O A L S

○ - - - - - - - - - - - - - - - - - -
○ - - - - - - - - - - - - - - - - - -
○ - - - - - - - - - - - - - - - - - -
○ - - - - - - - - - - - - - - - - - -
○ - - - - - - - - - - - - - - - - - -
○ - - - - - - - - - - - - - - - - - -
○ - - - - - - - - - - - - - - - - - -

Important dates

▶ _____
▶ _____
▶ _____
▶ _____
▶ _____

Monday

Tuesday

Wednesday

Thursday

Friday

_____

_____

_____

_____

Saturday

_____

_____

_____

_____

Sunday

_____

_____

_____

_____

I am grateful for

- - - - - - - - - - - - - - - -

- - - - - - - - - - - - - - - -

- - - - - - - - - - - - - - - -

Notes

- - - - - - - - - - - - - - - -

- - - - - - - - - - - - - - - -

- - - - - - - - - - - - - - - -

- - - - - - - - - - - - - - - -

- - - - - - - - - - - - - - - -

- - - - - - - - - - - - - - - -

- - - - - - - - - - - - - - - -

- - - - - - - - - - - - - - - -

Idea for the next week

- - - - - - - - - - - - - - - -

- - - - - - - - - - - - - - - -

- - - - - - - - - - - - - - - -

- - - - - - - - - - - - - - - -

- - - - - - - - - - - - - - - -

- - - - - - - - - - - - - - - -

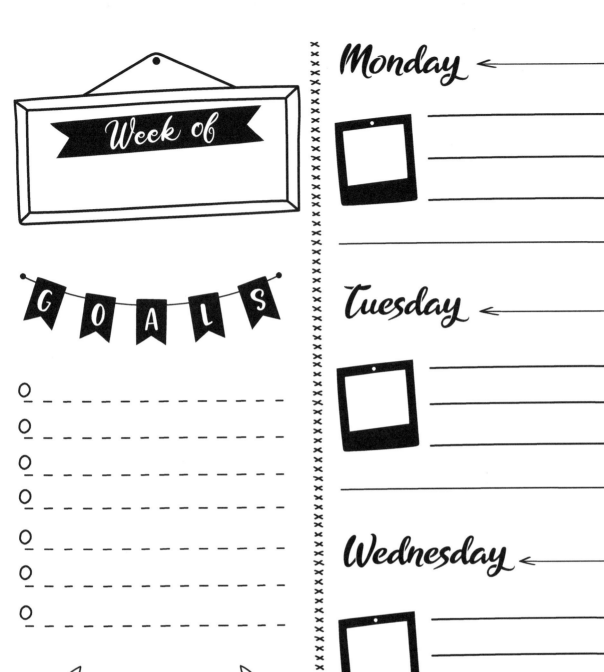

Week of

G O A L S

○ - - - - - - - - - - - - - - - -
○ - - - - - - - - - - - - - - - -
○ - - - - - - - - - - - - - - - -
○ - - - - - - - - - - - - - - - -
○ - - - - - - - - - - - - - - - -
○ - - - - - - - - - - - - - - - -
○ - - - - - - - - - - - - - - - -

Important dates

▶ _____
▶ _____
▶ _____
_____
_____

Monday

Tuesday

Wednesday

Thursday

Friday

_____

_____

_____

_____

Saturday

_____

_____

_____

Sunday

_____

_____

_____

- - - - - - - - - -

- - - - - - - - - -

- - - - - - - - - -

- - - - - - - - - -

- - - - - - - - - -

- - - - - - - - - -

- - - - - - - - - -

- - - - - - - - - -

★ **I am grateful for** ★

- - - - - - - - - -

- - - - - - - - - -

- - - - - - - - - -

Idea for the next week

- - - - - - - - - -

- - - - - - - - - -

- - - - - - - - - -

- - - - - - - - - -

- - - - - - - - - -

- - - - - - - - - -

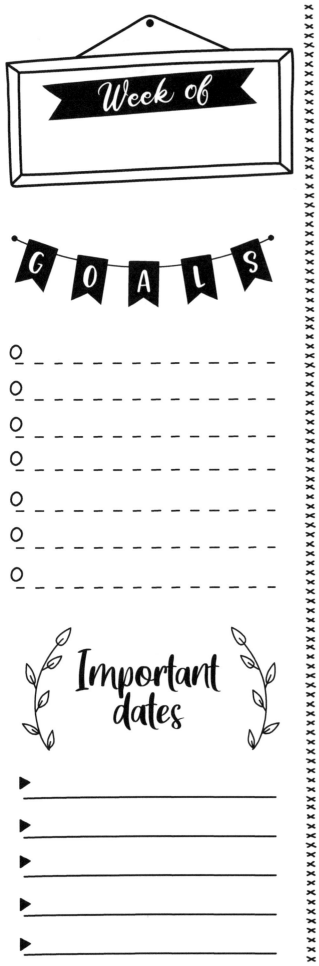

Week of

G O A L S

- ◯ - - - - - - - - - - - - - - - - - -
- ◯ - - - - - - - - - - - - - - - - - -
- ◯ - - - - - - - - - - - - - - - - - -
- ◯ - - - - - - - - - - - - - - - - - -
- ◯ - - - - - - - - - - - - - - - - - -
- ◯ - - - - - - - - - - - - - - - - - -
- ◯ - - - - - - - - - - - - - - - - - -

Important dates

▶ _____
▶ _____
▶ _____
▶ _____
▶ _____

Monday ◀——————————◀◀

Tuesday ◀——————————◀◀

Wednesday ◀——————————◀◀

Thursday ◀——————————◀◀

Friday

□ _____
_____
_____

_____

Saturday

□ _____
_____
_____

_____

Sunday

□ _____
_____

_____

★ **I am grateful for** ★

- - - - - - - - - - - - - -
- - - - - - - - - - - - - -
- - - - - - - - - - - - - -

Notes

- - - - - - - - - - - - - -
- - - - - - - - - - - - - -
- - - - - - - - - - - - - -
- - - - - - - - - - - - - -
- - - - - - - - - - - - - -
- - - - - - - - - - - - - -
- - - - - - - - - - - - - -
- - - - - - - - - - - - - -

Idea for the next week

- - - - - - - - - - - - - -
- - - - - - - - - - - - - -
- - - - - - - - - - - - - -
- - - - - - - - - - - - - -
- - - - - - - - - - - - - -

Week of

GOALS

O - - - - - - - - - - - - - - - - - - -
O - - - - - - - - - - - - - - - - - - -
O - - - - - - - - - - - - - - - - - - -
O - - - - - - - - - - - - - - - - - - -
O - - - - - - - - - - - - - - - - - - -
O - - - - - - - - - - - - - - - - - - -
O - - - - - - - - - - - - - - - - - - -

Important dates

▶ _____
▶ _____
▶ _____
▶ _____
▶ _____

Monday ⟵

Tuesday ⟵

Wednesday ⟵

Thursday ⟵

Friday

☐ _____
_____
_____

_____

Saturday

☐ _____
_____
_____

_____

Sunday

☐ _____
_____
_____

_____

★ **I am grateful for** ★

- - - - - - - - - - - - -

- - - - - - - - - - - - -

- - - - - - - - - - - - -

- - - - - - - - - - - - -

Notes

- - - - - - - - - - - - -

- - - - - - - - - - - - -

- - - - - - - - - - - - -

- - - - - - - - - - - - -

- - - - - - - - - - - - -

- - - - - - - - - - - - -

- - - - - - - - - - - - -

- - - - - - - - - - - - -

Idea for the next week

- - - - - - - - - - - - -

- - - - - - - - - - - - -

- - - - - - - - - - - - -

- - - - - - - - - - - - -

- - - - - - - - - - - - -

Week of

GOALS

- ○ - - - - - - - - - - - - - - -
- ○ - - - - - - - - - - - - - - -
- ○ - - - - - - - - - - - - - - -
- ○ - - - - - - - - - - - - - - -
- ○ - - - - - - - - - - - - - - -
- ○ - - - - - - - - - - - - - - -
- ○ - - - - - - - - - - - - - - -

Important dates

- ▶ _____
- ▶ _____
- ▶ _____
- ▶ _____
- ▶ _____

Monday

Tuesday

Wednesday

Thursday

Friday

Saturday

Sunday

I am grateful for

Notes

Idea for the next week

Week of

GOALS

○ - - - - - - - - - - - - - - - - -
○ - - - - - - - - - - - - - - - - -
○ - - - - - - - - - - - - - - - - -
○ - - - - - - - - - - - - - - - - -
○ - - - - - - - - - - - - - - - - -
○ - - - - - - - - - - - - - - - - -
○ - - - - - - - - - - - - - - - - -

Important dates

▶ _____
▶ _____
▶ _____
▶ _____
▶ _____

Monday

Tuesday

Wednesday

Thursday

Friday

_____

_____

_____

_____

Saturday

_____

_____

_____

_____

Sunday

_____

_____

_____

_____

I am grateful for

- - - - - - - - - - - - - - - - -

- - - - - - - - - - - - - - - - -

- - - - - - - - - - - - - - - - -

Notes

- - - - - - - - - - - - - - - - -

- - - - - - - - - - - - - - - - -

- - - - - - - - - - - - - - - - -

- - - - - - - - - - - - - - - - -

- - - - - - - - - - - - - - - - -

- - - - - - - - - - - - - - - - -

- - - - - - - - - - - - - - - - -

- - - - - - - - - - - - - - - - -

- - - - - - - - - - - - - - - - -

Idea for the next week

- - - - - - - - - - - - - - - - -

- - - - - - - - - - - - - - - - -

- - - - - - - - - - - - - - - - -

- - - - - - - - - - - - - - - - -

- - - - - - - - - - - - - - - - -

Week of

GOALS

O - - - - - - - - - - - - - - - - - -
O - - - - - - - - - - - - - - - - - -
O - - - - - - - - - - - - - - - - - -
O - - - - - - - - - - - - - - - - - -
O - - - - - - - - - - - - - - - - - -
O - - - - - - - - - - - - - - - - - -
O - - - - - - - - - - - - - - - - - -

Important dates

▶ _____
▶ _____
▶ _____
▶ _____
▶ _____

Monday ←——————————————《

_____
_____
_____

_____

Tuesday ←——————————————《

_____
_____

_____

Wednesday ←————————————《

_____
_____

_____

Thursday ←——————————————《

_____
_____

Friday

Saturday

Sunday

I am grateful for

Notes

Idea for the next week

Week of

GOALS

O - - - - - - - - - - - - - - -
O - - - - - - - - - - - - - - -
O - - - - - - - - - - - - - - -
O - - - - - - - - - - - - - - -
O - - - - - - - - - - - - - - -
O - - - - - - - - - - - - - - -
O - - - - - - - - - - - - - - -

Important dates

▶ _____
▶ _____
▶ _____
▶ _____
▶ _____

Monday ⟵⟵⟵

Tuesday ⟵⟵⟵

Wednesday ⟵⟵⟵

Thursday ⟵⟵⟵

Friday

Saturday

Sunday

Notes

Idea for the next week

★ **I am grateful for** ★

Week of

G O A L S

○ -
○ -
○ -
○ -
○ -
○ -
○ -

Important dates

▶ _____
▶ _____
▶ _____
▶ _____
▶ _____

Monday

Tuesday

Wednesday

Thursday

Friday

_____

_____

_____

_____

Saturday

_____

_____

_____

_____

Sunday

_____

_____

_____

_____

★ **I am grateful for** ★

- - - - - - - - - - -

- - - - - - - - - - -

- - - - - - - - - - -

- - - - - - - - - - -

Notes

- - - - - - - - - - -

- - - - - - - - - - -

- - - - - - - - - - -

- - - - - - - - - - -

- - - - - - - - - - -

- - - - - - - - - - -

- - - - - - - - - - -

- - - - - - - - - - -

- - - - - - - - - - -

- - - - - - - - - - -

Idea for the next week

- - - - - - - - - - -

- - - - - - - - - - -

- - - - - - - - - - -

- - - - - - - - - - -

- - - - - - - - - - -

- - - - - - - - - - -

Week of

GOALS

- ○ --------------------------------
- ○ --------------------------------
- ○ --------------------------------
- ○ --------------------------------
- ○ --------------------------------
- ○ --------------------------------
- ○ --------------------------------

Important dates

- ▶ _____
- ▶ _____
- ▶ _____
- ▶ _____
- ▶ _____

Monday ⟵————————⟪

Tuesday ⟵————————⟪

Wednesday ⟵————————⟪

Thursday ⟵————————⟪

Friday

_____

_____

_____

_____

Saturday

_____

_____

_____

_____

Sunday

_____

_____

_____

_____

I am grateful for

- - - - - - - - - - - - - - - - -

- - - - - - - - - - - - - - - - -

- - - - - - - - - - - - - - - - -

Notes

- - - - - - - - - - - - - - - -

- - - - - - - - - - - - - - - -

- - - - - - - - - - - - - - - -

- - - - - - - - - - - - - - - -

- - - - - - - - - - - - - - - -

- - - - - - - - - - - - - - - -

- - - - - - - - - - - - - - - -

- - - - - - - - - - - - - - - -

- - - - - - - - - - - - - - - -

Idea for the next week

- - - - - - - - - - - - - - - -

- - - - - - - - - - - - - - - -

- - - - - - - - - - - - - - - -

- - - - - - - - - - - - - - - -

- - - - - - - - - - - - - - - -

Week of

GOALS

Important dates

Monday

Tuesday

Wednesday

Thursday

Friday

Saturday

Sunday

I am grateful for

Notes

Idea for the next week

Week of

GOALS

○ ----------------------
○ ----------------------
○ ----------------------
○ ----------------------
○ ----------------------
○ ----------------------
○ ----------------------

Important
dates

▶ _____
▶ _____
▶ _____
▶ _____
▶ _____

Monday

Tuesday

Wednesday

Thursday

Friday

Saturday

Sunday

Idea for the
next week

★ I am grateful for ★

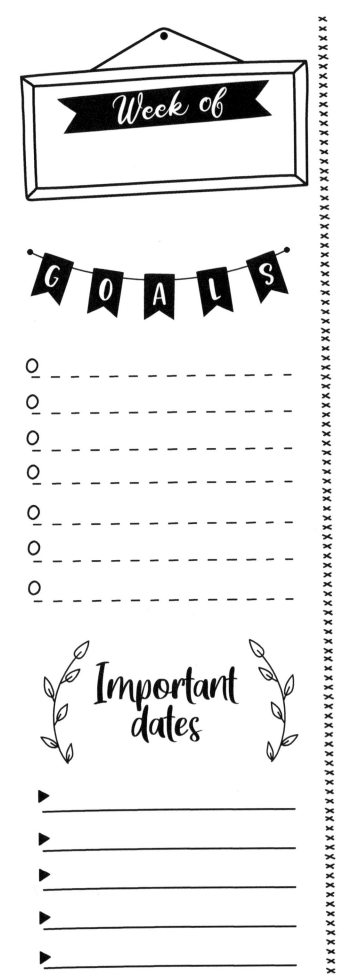

Week of

GOALS

- O -
- O -
- O -
- O -
- O -
- O -
- O -

Important dates

- ▶ _____
- ▶ _____
- ▶ _____
- ▶ _____
- ▶ _____

Monday ←———————————————————

Tuesday ←———————————————————

Wednesday ←———————————————————

Thursday ←———————————————————

Friday

☐ _____
_____
_____
_____

Saturday

☐ _____
_____
_____
_____

Sunday

☐ _____
_____
_____
_____

★ **I am grateful for** ★

‐ ‐ ‐ ‐ ‐ ‐ ‐ ‐ ‐ ‐ ‐ ‐ ‐ ‐ ‐
‐ ‐ ‐ ‐ ‐ ‐ ‐ ‐ ‐ ‐ ‐ ‐ ‐ ‐ ‐
‐ ‐ ‐ ‐ ‐ ‐ ‐ ‐ ‐ ‐ ‐ ‐ ‐ ‐ ‐
‐ ‐ ‐ ‐ ‐ ‐ ‐ ‐ ‐ ‐ ‐ ‐ ‐ ‐ ‐

Notes

‐ ‐ ‐ ‐ ‐ ‐ ‐ ‐ ‐ ‐ ‐ ‐ ‐ ‐ ‐
‐ ‐ ‐ ‐ ‐ ‐ ‐ ‐ ‐ ‐ ‐ ‐ ‐ ‐ ‐
‐ ‐ ‐ ‐ ‐ ‐ ‐ ‐ ‐ ‐ ‐ ‐ ‐ ‐ ‐
‐ ‐ ‐ ‐ ‐ ‐ ‐ ‐ ‐ ‐ ‐ ‐ ‐ ‐ ‐
‐ ‐ ‐ ‐ ‐ ‐ ‐ ‐ ‐ ‐ ‐ ‐ ‐ ‐ ‐
‐ ‐ ‐ ‐ ‐ ‐ ‐ ‐ ‐ ‐ ‐ ‐ ‐ ‐ ‐
‐ ‐ ‐ ‐ ‐ ‐ ‐ ‐ ‐ ‐ ‐ ‐ ‐ ‐ ‐
‐ ‐ ‐ ‐ ‐ ‐ ‐ ‐ ‐ ‐ ‐ ‐ ‐ ‐ ‐

Idea for the next week

‐ ‐ ‐ ‐ ‐ ‐ ‐ ‐ ‐ ‐ ‐ ‐ ‐ ‐ ‐
‐ ‐ ‐ ‐ ‐ ‐ ‐ ‐ ‐ ‐ ‐ ‐ ‐ ‐ ‐
‐ ‐ ‐ ‐ ‐ ‐ ‐ ‐ ‐ ‐ ‐ ‐ ‐ ‐ ‐
‐ ‐ ‐ ‐ ‐ ‐ ‐ ‐ ‐ ‐ ‐ ‐ ‐ ‐ ‐
‐ ‐ ‐ ‐ ‐ ‐ ‐ ‐ ‐ ‐ ‐ ‐ ‐ ‐ ‐

Week of

G O A L S

- ○ - - - - - - - - - - - - - - - - - - -
- ○ - - - - - - - - - - - - - - - - - - -
- ○ - - - - - - - - - - - - - - - - - - -
- ○ - - - - - - - - - - - - - - - - - - -
- ○ - - - - - - - - - - - - - - - - - - -
- ○ - - - - - - - - - - - - - - - - - - -
- ○ - - - - - - - - - - - - - - - - - - -

Important dates

- ▶ _____
- ▶ _____
- ▶ _____
- ▶ _____
- ▶ _____

Monday ←——————————≪

Tuesday ←——————————≪

Wednesday ←——————————≪

Thursday ←——————————≪

Friday

_____

_____

_____

_____

Saturday

_____

_____

_____

_____

Sunday

_____

_____

_____

_____

★ **I am grateful for** ★

- - - - - - - - - - - - - - - - -

- - - - - - - - - - - - - - - - -

- - - - - - - - - - - - - - - - -

- - - - - - - - - - - - - - - - -

Notes

- - - - - - - - - - - - - - - -

- - - - - - - - - - - - - - - -

- - - - - - - - - - - - - - - -

- - - - - - - - - - - - - - - -

- - - - - - - - - - - - - - - -

- - - - - - - - - - - - - - - -

- - - - - - - - - - - - - - - -

- - - - - - - - - - - - - - - -

Idea for the next week

- - - - - - - - - - - - - - - -

- - - - - - - - - - - - - - - -

- - - - - - - - - - - - - - - -

- - - - - - - - - - - - - - - -

- - - - - - - - - - - - - - - -

- - - - - - - - - - - - - - - -

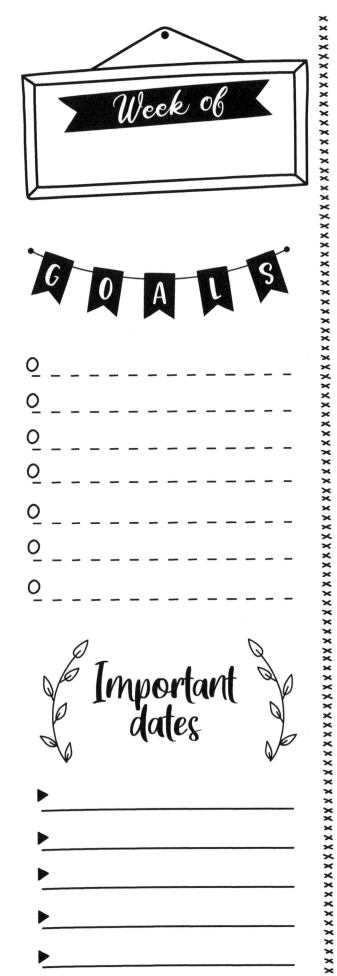

Week of

G O A L S

- O - - - - - - - - - - - - - - - - - -
- O - - - - - - - - - - - - - - - - - -
- O - - - - - - - - - - - - - - - - - -
- O - - - - - - - - - - - - - - - - - -
- O - - - - - - - - - - - - - - - - - -
- O - - - - - - - - - - - - - - - - - -
- O - - - - - - - - - - - - - - - - - -

Important dates

- ▶ _____
- ▶ _____
- ▶ _____
- ▶ _____
- ▶ _____

Monday

Tuesday

Wednesday

Thursday

Friday

_____

_____

_____

_____

Saturday

_____

_____

_____

_____

Sunday

_____

_____

_____

_____

- - - - - - - - - - - - - -

- - - - - - - - - - - - - -

- - - - - - - - - - - - - -

- - - - - - - - - - - - - -

- - - - - - - - - - - - - -

- - - - - - - - - - - - - -

- - - - - - - - - - - - - -

- - - - - - - - - - - - - -

- - - - - - - - - - - - - -

Idea for the next week

- - - - - - - - - - - - - -

- - - - - - - - - - - - - -

- - - - - - - - - - - - - -

- - - - - - - - - - - - - -

- - - - - - - - - - - - - -

- - - - - - - - - - - - - -

★ **I am grateful for** ★

- - - - - - - - - - - - - -

- - - - - - - - - - - - - -

- - - - - - - - - - - - - -

Week of

G O A L S

- O - - - - - - - - - - - - - - - - -
- O - - - - - - - - - - - - - - - - -
- O - - - - - - - - - - - - - - - - -
- O - - - - - - - - - - - - - - - - -
- O - - - - - - - - - - - - - - - - -
- O - - - - - - - - - - - - - - - - -
- O - - - - - - - - - - - - - - - - -

Important dates

▶ _____
▶ _____
▶ _____
▶ _____
▶ _____

Monday ⟵

_____
_____
_____
_____

Tuesday ⟵

_____
_____
_____
_____

Wednesday ⟵

_____
_____
_____
_____

Thursday ⟵

_____
_____

Friday

Saturday

Sunday

I am grateful for

Notes

Idea for the next week

Week of

G O A L S

O - - - - - - - - - - - - - - - - - - -
O - - - - - - - - - - - - - - - - - - -
O - - - - - - - - - - - - - - - - - - -
O - - - - - - - - - - - - - - - - - - -
O - - - - - - - - - - - - - - - - - - -
O - - - - - - - - - - - - - - - - - - -
O - - - - - - - - - - - - - - - - - - -

Important dates

▶ _____
▶ _____
▶ _____
▶ _____
▶ _____

Monday ←

Tuesday ←

Wednesday ←

Thursday ←

Friday

‹———————————«

_____
_____
_____

_____

Saturday

‹———————————«

_____
_____
_____

_____

Sunday

‹———————————«

_____
_____

_____

I am grateful for

- - - - - - - - - - - - - - - - - - -
- - - - - - - - - - - - - - - - - - -
- - - - - - - - - - - - - - - - - - -

Notes

- - - - - - - - - - - - - - - - - - -
- - - - - - - - - - - - - - - - - - -
- - - - - - - - - - - - - - - - - - -
- - - - - - - - - - - - - - - - - - -
- - - - - - - - - - - - - - - - - - -
- - - - - - - - - - - - - - - - - - -
- - - - - - - - - - - - - - - - - - -

Idea for the next week

- - - - - - - - - - - - - - - - - - -
- - - - - - - - - - - - - - - - - - -
- - - - - - - - - - - - - - - - - - -
- - - - - - - - - - - - - - - - - - -
- - - - - - - - - - - - - - - - - - -

Week of

GOALS

○ -
○ -
○ -
○ -
○ -
○ -
○ -

Important dates

▶ _____
▶ _____
▶ _____
▶ _____
▶ _____

Monday

Tuesday

Wednesday

Thursday

Friday

<- ←←←

☐ _____
  _____

  _____

_____

Saturday ←←←

☐ _____
  _____

  _____

_____

Sunday <- ←←←

☐ _____
  _____

  _____

_____

I am grateful for

- - - - - - - - - - -

- - - - - - - - - - -

- - - - - - - - - - -

Notes

- - - - - - - - - - - - - - - - -

- - - - - - - - - - - - - - - - -

- - - - - - - - - - - - - - - - -

- - - - - - - - - - - - - - - - -

- - - - - - - - - - - - - - - - -

- - - - - - - - - - - - - - - - -

- - - - - - - - - - - - - - - - -

- - - - - - - - - - - - - - - - -

- - - - - - - - - - - - - - - - -

Idea for the next week

- - - - - - - - - - - - - - - - -

- - - - - - - - - - - - - - - - -

- - - - - - - - - - - - - - - - -

- - - - - - - - - - - - - - - - -

- - - - - - - - - - - - - - - - -

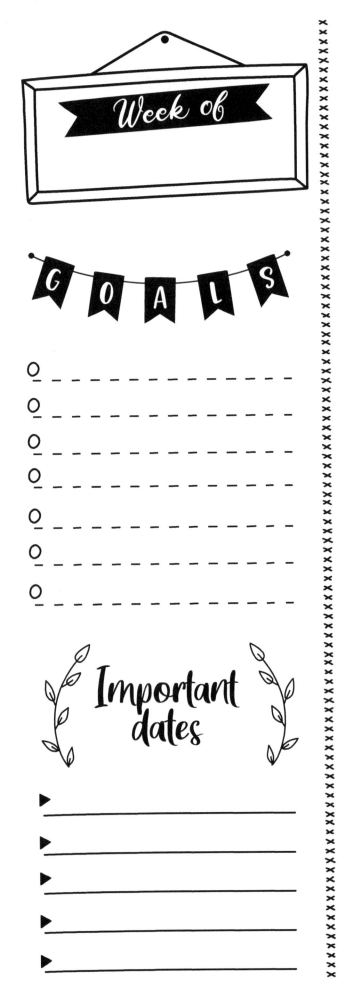

Week of

G O A L S

- O - - - - - - - - - - - - - - -
- O - - - - - - - - - - - - - - -
- O - - - - - - - - - - - - - - -
- O - - - - - - - - - - - - - - -
- O - - - - - - - - - - - - - - -
- O - - - - - - - - - - - - - - -
- O - - - - - - - - - - - - - - -

Important dates

▶ _____
▶ _____
▶ _____
▶ _____
▶ _____

Monday ⟵————————————⟨⟨

Tuesday ⟵————————————⟨⟨

Wednesday ⟵————————————⟨⟨

Thursday ⟵————————————⟨⟨

Friday

←————————————≪≪

_____

_____

_____

_____

Saturday ←————————————≪≪

_____

_____

_____

_____

Sunday ←————————————≪≪

_____

_____

_____

★ **I am grateful for** ★

– – – – – – – – – – – – – – –

– – – – – – – – – – – – – – –

– – – – – – – – – – – – – – –

– – – – – – – – – – – – – – –

– – – – – – – – – – – – – – –

– – – – – – – – – – – – – – –

– – – – – – – – – – – – – – –

– – – – – – – – – – – – – – –

– – – – – – – – – – – – – – –

– – – – – – – – – – – – – – –

– – – – – – – – – – – – – – –

Idea for the next week

– – – – – – – – – – – – – – –

– – – – – – – – – – – – – – –

– – – – – – – – – – – – – – –

– – – – – – – – – – – – – – –

– – – – – – – – – – – – – – –

Week of

GOALS

○ -
○ -
○ -
○ -
○ -
○ -
○ -

Important dates

▶ _____
▶ _____
▶ _____
▶ _____
▶ _____

Monday

Tuesday

Wednesday

Thursday

Friday

☐ _____

_____

_____

_____

Saturday

☐ _____

_____

_____

_____

Sunday

☐ _____

_____

_____

_____

I am grateful for

- - - - - - - - - - -

- - - - - - - - - - -

- - - - - - - - - - -

Notes

- - - - - - - - - - -

- - - - - - - - - - -

- - - - - - - - - - -

- - - - - - - - - - -

- - - - - - - - - - -

- - - - - - - - - - -

- - - - - - - - - - -

- - - - - - - - - - -

Idea for the next week

- - - - - - - - - - -

- - - - - - - - - - -

- - - - - - - - - - -

- - - - - - - - - - -

- - - - - - - - - - -

- - - - - - - - - - -

Week of

GOALS

- ○ -----------------------
- ○ -----------------------
- ○ -----------------------
- ○ -----------------------
- ○ -----------------------
- ○ -----------------------
- ○ -----------------------

Important dates

- ▶ _____
- ▶ _____
- ▶ _____
- ▶ _____
- ▶ _____

Monday ⟵——————————≪

Tuesday ⟵——————————≪

Wednesday ⟵——————————≪

Thursday ⟵——————————≪

Friday

◄─────────────◄◄◄

_____

_____

_____

_____

Saturday ◄─────────◄◄◄

_____

_____

_____

_____

Sunday ◄─────────◄◄◄

_____

_____

_____

_____

★ **I am grateful for** ★

- - - - - - - - - - - - - - - - -

- - - - - - - - - - - - - - - - -

- - - - - - - - - - - - - - - - -

Notes

- - - - - - - - - - - - - -

- - - - - - - - - - - - - -

- - - - - - - - - - - - - -

- - - - - - - - - - - - - -

- - - - - - - - - - - - - -

- - - - - - - - - - - - - -

- - - - - - - - - - - - - -

Idea for the next week

- - - - - - - - - - - - - -

- - - - - - - - - - - - - -

- - - - - - - - - - - - - -

- - - - - - - - - - - - - -

- - - - - - - - - - - - - -

Week of

G O A L S

- O - - - - - - - - - - - - - - - - - - -
- O - - - - - - - - - - - - - - - - - - -
- O - - - - - - - - - - - - - - - - - - -
- O - - - - - - - - - - - - - - - - - - -
- O - - - - - - - - - - - - - - - - - - -
- O - - - - - - - - - - - - - - - - - - -
- O - - - - - - - - - - - - - - - - - - -

Important dates

▶ _____
▶ _____
▶ _____
▶ _____
▶ _____

Monday ←———————————⋘

_____
_____

_____

Tuesday ←———————————⋘

_____
_____

_____

Wednesday ←———————⋘

_____
_____

_____

Thursday ←———————⋘

_____

Friday

Saturday

Sunday

I am grateful for

Notes

Idea for the next week

Week of

GOALS

- O -
- O -
- O -
- O -
- O -
- O -
- O -

Important dates

- ▶ _____
- ▶ _____
- ▶ _____
- ▶ _____
- ▶ _____

Monday

Tuesday

Wednesday

Thursday

Friday

_____

_____

_____

_____

Saturday

_____

_____

_____

_____

Sunday

_____

_____

_____

_____

★ **I am grateful for** ★

- - - - - - - - - - - - - -

- - - - - - - - - - - - - -

- - - - - - - - - - - - - -

Notes

- - - - - - - - - - - - - -

- - - - - - - - - - - - - -

- - - - - - - - - - - - - -

- - - - - - - - - - - - - -

- - - - - - - - - - - - - -

- - - - - - - - - - - - - -

- - - - - - - - - - - - - -

- - - - - - - - - - - - - -

- - - - - - - - - - - - - -

Idea for the next week

- - - - - - - - - - - - - -

- - - - - - - - - - - - - -

- - - - - - - - - - - - - -

- - - - - - - - - - - - - -

- - - - - - - - - - - - - -

Week of

G O A L S

- O ------------------
- O ------------------
- O ------------------
- O ------------------
- O ------------------
- O ------------------
- O ------------------

Important dates

▶ _____
▶ _____
▶ _____
▶ _____
▶ _____

Monday ←————————————————«

_____
_____
_____
_____

Tuesday ←————————————————«

_____
_____
_____
_____

Wednesday ←————————————————«

_____
_____
_____
_____

Thursday ←————————————————«

_____
_____
_____

Friday

Saturday

Sunday

I am grateful for

- - - - - - - - - -
- - - - - - - - - -
- - - - - - - - - -
- - - - - - - - - -

Notes

- - - - - - - - - -
- - - - - - - - - -
- - - - - - - - - -
- - - - - - - - - -
- - - - - - - - - -
- - - - - - - - - -
- - - - - - - - - -
- - - - - - - - - -

Idea for the next week

- - - - - - - - - -
- - - - - - - - - -
- - - - - - - - - -
- - - - - - - - - -
- - - - - - - - - -
- - - - - - - - - -

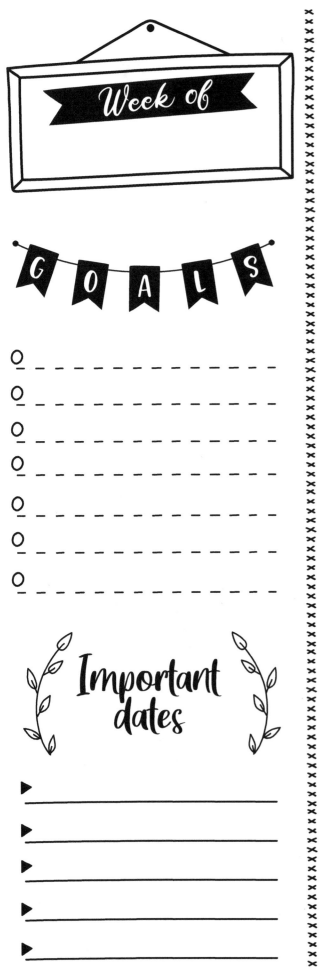

Week of

G O A L S

- ○ -
- ○ -
- ○ -
- ○ -
- ○ -
- ○ -
- ○ -

Important dates

▶ _____
▶ _____
▶ _____
▶ _____
▶ _____

Monday ⟵ _____

Tuesday ⟵ _____

Wednesday ⟵ _____

Thursday ⟵ _____

Friday

_____

_____

_____

_____

Saturday

_____

_____

_____

_____

Sunday

_____

_____

_____

_____

★ I am grateful for ★

- - - - - - - - - - - - -

- - - - - - - - - - - - -

- - - - - - - - - - - - -

Notes

- - - - - - - - - - - - - -

- - - - - - - - - - - - - -

- - - - - - - - - - - - - -

- - - - - - - - - - - - - -

- - - - - - - - - - - - - -

- - - - - - - - - - - - - -

- - - - - - - - - - - - - -

- - - - - - - - - - - - - -

- - - - - - - - - - - - - -

- - - - - - - - - - - - - -

Idea for the next week

- - - - - - - - - - - - - -

- - - - - - - - - - - - - -

- - - - - - - - - - - - - -

- - - - - - - - - - - - - -

- - - - - - - - - - - - - -

- - - - - - - - - - - - - -

Week of

GOALS

- ○ -
- ○ -
- ○ -
- ○ -
- ○ -
- ○ -
- ○ -

Important dates

▶ _____

▶ _____

▶ _____

▶ _____

▶ _____

Monday

Tuesday

Wednesday

Thursday

Friday

Notes

Saturday

Sunday

Idea for the next week

★ I am grateful for ★

CPSIA information can be obtained
at www.ICGtesting.com
Printed in the USA
LVHW061658020621
689157LV00012B/965